INSTRUCTION

DU 7 AVRIL 1886

POUR LES OPÉRATIONS DU DÉNOMBREMENT

DE LA

POPULATION

NOTIONS GÉNÉRALES SUR LE DÉNOMBREMENT

Le dénombrement a pour objet :

1° De faire connaître la population générale de la France au moyen d'un recensement effectué *à jour fixe* et comprenant toutes les personnes qui, à un titre quelconque, sont présentes dans chaque commune au jour déterminé ;

2° D'assigner à chaque commune sa population propre qui se compose des habitants *résidents*, avec les distinctions nécessaires pour l'application des lois municipales et d'impôt (population totale, population municipale, population comptée à part, population agglomérée).

De là, deux opérations distinctes.

RECENSEMENT A JOUR FIXE DE TOUTES LES PERSONNES PRÉSENTES DANS LA COMMUNE

Le recensement s'applique à toute personne présente dans la commune le 30 mai.

Le recensement aura lieu le 30 mai, au moyen de *bulletins individuels* conformes au modèle n° 1.

Il devra comprendre toutes les personnes qui auront passé la nuit du 29 au 30 mai dans la commune, sans qu'il y ait lieu de distinguer entre celles qui y résident et celles qui n'y résident pas.

Les voyageurs qui auraient passé la nuit en chemin de fer,

en bateau ou en voiture seront recensés au lieu où ils s'arrêteront ou débarqueront, dans la journée du 30 mai.

Les militaires, les marins, les prisonniers et généralement toutes les personnes qui forment ce qu'on appelle la population *comptée à part* (voir plus loin pages 10 et suivantes) seront également compris dans ce premier recensement.

Il n'y a, en un mot, aucune exception à faire, et un bulletin individuel doit être établi pour toute personne *présente* le 30 dans la commune, à quelque titre que ce soit.

Mode de procéder pour l'établissement des bulletins individuels.

Pour faciliter l'opération; il sera indispensable de diviser la commune en circonscriptions de recensement comprenant chacune cent habitants environ et de désigner, pour chacune d'elles, un agent qui sera chargé de distribuer les formules de bulletins et de les contrôler en les reprenant à domicile.

Les agents du recensement seront nommés par arrêté du maire. Copie leur en sera remise pour constater le caractère officiel de leur mission.

Carnet de prévision.

Le premier soin des agents ainsi commissionnés sera d'établir sur une formule spéciale dite *Carnet de prévision* (modèle n° 5) le nombre des maisons et ménages dont se compose leur circonscription et, aussi exactement que possible, le nombre d'individus compris dans chaque ménage.

Cette première opération, qui devra précéder de huit jours environ celle du recensement proprement dit, a pour but de faire connaître le nombre de bordereaux de maisons, de feuilles de ménage et de bulletins individuels qu'il y aura lieu de distribuer.

Distribution des imprimés.

Le 28 mai, au plus tard, l'agent recenseur déposera dans chaque maison un bordereau de maison (modèle n° 3) et un nombre de feuilles de ménage (modèle n° 2) et de bulletins individuels (modèle n° 1 quelque peu supérieur aux chiffres portés sur le carnet de prévision.

Les bulletins devront être remplis par les habitants.

Les bulletins individuels ainsi déposés seront remplis par

les habitants mêmes de la maison, qui se feront, au besoin, aider pur leurs voisins ou amis. Les indications contenues au verso de la formule imprimée, permettront aux intéressés de répondre sans hésitation aux questions très simples qui leur seront posées (1).

Ils seront contrôlés et, au besoin, complétés par l'agent recenseur.

L'agent recenseur passera, le lundi 31 mai, dans toutes les maisons pour reprendre les bulletins remplis. Il vérifiera sur place s'il a été bien répondu à toutes les questions. Il ajoutera, en interrogeant les intéressés, les indications qui manqueraient, rectifiera celles qui seraient inexactes et remplira, au besoin lui-même, les bulletins que les intéressés n'auraient pu écrire ou faire écrire.

La tournée de l'agent recenseur pourra même avantageusement commencer dans l'après-midi du dimanche, et, si elle n'était pas terminée le lundi, elle continuerait le mardi et le mercredi ; mais ce dernier délai ne devra pas être dépassé.

Feuilles de ménage.

Les bulletins de chaque ménage (2) seront renfermés dans la feuille dite de *ménage* (modèle n° 2) que le chef de famille aura lui-même remplie en se conformant aux indications portées en tête de la feuille.

Cette feuille est divisée en trois sections : la première (membres du ménage présents) (3) et la troisième (hôtes de passage) seront remplies à l'aide des bulletins individuels ; dans la seconde section, le chef de famille portera les membres du ménage qui sont momentanément absents de la commune, bien qu'appartenant à la population *résidente* (suivant

---

(1) Pour les populations comptées à part : prisons, casernes, établissements d'instruction publique, etc., les bulletins individuels seront remplis par les soins des chefs de corps ou d'établissement.

(2) On entend par ménage la réunion de plusieurs individus habitant et vivant ensemble sous la direction d'un même chef. Une famille peut former plusieurs ménages. On doit regarder comme faisant partie du ménage tous les domestiques et autres personnes qui peuvent y être attachés. — L'individu non marié vivant seul dans un logement particulier forme à lui seul un ménage.

(3) Les membres du ménage présents devront être classés d'après l'ordre hiérarchique de la famille: 1° chef de ménage (père ou mère de famille) ; 2° la femme ; 3° les enfants ; 4° les autres parents faisant partie du ménage ; 5° les domestiques.

la définition qui sera donnée plus loin). Pour ces dernier, il n'existera pas de bulletins individuels ; les bulletins qui les concernent, seront, en effet, établis dans les localités où ils se trouveront le jour du recensement.

L'agent recenseur contrôlera et complétera la feuille de ménage comme il aura contrôlé et complété les bulletins individuels. Il assurera que cette feuille (première et troisième sections) comprend bien tous les noms portés sur les bulletins individuels ; que la distinction a bien été faite entre les membres du ménage *résidents* et les personnes accidentellement présentes, tels que les voyageurs, hôtes de passage, et que les bulletins sont bien classés dans l'ordre d'inscription sur la feuille de ménage (1).

Bordereau de maison.

Toutes les feuilles de ménage des habitants d'une même maison seront renfermées dans le *bordereau de maison* (modèle n° 3), qui aura été rempli soit par le propriétaire, soit par le concierge, soit par l'agent recenseur. Ce dernier, s'il n'établit pas lui-même le bordereau, devra, en tous cas, le contrôler et le rectifier au besoin.

Les paquets seront ensuite ficelés et remis à la mairie.

L'opération même du recensement peut, dès ce moment, être considérée comme terminée, car tous les renseignements nécessaires pour dresser les divers états récapitulatifs et la liste nominative des habitants de la commune se trouvent réunis à la mairie, et il n'y a plus qu'à procéder au dépouillement.

DÉPOUILLEMENT

§ 1er. — Opérations des maires.

État récapitulatif sommaire de la population de la commune recensée le 30 mai. (modèle n° 6.)

Le premier résumé que le maire aura à dresser et qui devra être transmis à la préfecture dès le 15 juin est l'état récapitulatif sommaire (modèle n° 6), dont la rédaction est

---

(1) Pour les populations comptées à part, la feuille de ménage sera remplacée par un état récapitulatif spécial (modèle n° 4) qui sera établi, comme les bulletins individuels, par les chefs de corps ou d'établissement.

des plus faciles. Les bordereaux de maison (qui contiennent les feuilles de ménage et les bulletins individuels) seront classés par quartiers ou sections, et on inscrira dans les colonnes 2, 3 et 4 le nombre des bordereaux de maisons, de feuilles de ménage et de bulletins individuels, ce qui donnera le nombre de maisons, de ménages et d'individus présents au 30 mai.

Le maire conservera un double de cet état, qui sera le point de départ des dépouillements ultérieurs.

Pour simplifier sa tâche, il pourra laisser à chaque agent du recensement le soin de dresser cet état récapitulatif pour la section dont il a été chargé. Le maire n'aura plus, dans ce cas, qu'à inscrire et totaliser les résultats partiels.

Établissement de la liste nominative des habitants de la commune:

Le maire dressera ensuite la liste nominative des *habitants* de la commune.

Cette liste est le document le plus important pour la commune puisqu'il sert à l'application des lois municipales et d'impôt.

Elle comprend les *habitants* qui *résident* habituellement dans la commune, qu'ils soient ou non présents au moment du recensement ; mais elle ne comprend ni les personnes qui se trouvent accidentellement présentes au jour du recensement, ni les individus qui font partie des catégories de population comptées à part (militaires, prisonniers, établissements d'instruction, etc.) et spécifiés à l'article 2 du décret du 5 avril 1886.

Définition de la résidence.

La résidence n'est pas le domicile dans le sens légal de ce mot.

Il faut entendre par résidence le lieu auquel chaque individu est présumé devoir rester attaché par un séjour d'habitude, par un établissement, par des occupations, par une industrie, par des moyens d'existence notoires.

Individus à inscrire sur la liste nominative.

La liste nominative comprendra donc nécessairement tous les individus, quels que soient leur âge, leur sexe ou leur condition, qui ont dans la commune un établissement permanent, une habitation personnelle ou de famille, et il n'y a pas lieu de distinguer s'ils en sont originaires ou non, s'ils y sont anciennement ou nouvellement établis, s'ils ont fait, dans ce dernier cas, la déclaration de changement de domicile mentionnée par l'article 104 du Code civil, et, dans le cas où ils sont étrangers, s'ils ont ou non obtenu l'autorisation régulière d'exercer leurs droits civils en France.

D'après le même principe, les commis, employés, clercs, apprentis, serviteurs ou domestiques, appartiennent à la population de la commune, lors même qu'ils n'en sont pas originaires, n'y ont pas de domicile à eux propre et même ne ne sont pas parvenus à l'âge de majorité.

Il en est de même des militaires qui n'ont pas encore été appelés et de ceux qui, après avoir été appelés, ont été envoyés en congé ou inscrits sur les contrôles de la réserve ou de la disponibilité.

Ces diverses catégories figureront dans la première section de la feuille de ménage sous le titre de *membres du ménage présents*. Il n'y aura qu'à transcrire leurs noms sur la liste nominative.

Individus à inscrire sur la liste nominative quoique absents de la commune.

La seconde section du bulletin de ménage sera également transcrite sur la liste nominative, cette section se composant d'individus qui, quoique absents de la commune au moment du recensement, doivent être considérés, comme faisant partie de la population municipale.

On y comprendra, par conséquent :

1° Les individus en voyage pour raisons d'affaires, de plaisir ou de santé, qui n'ont pas pris un autre domicile ;

2° Les ouvriers travaillant au dehors à la journée ou à la tâche et qui reviennent, après des absences périodiques, à leur résidence habituelle ;

3° Les commis-voyageurs attachés à une maison de commerce dont le siége est dans la commune ;

4° Les enfants dont les parents habitent la commune et qui sont placés en nourrice dans une autre localité.

Population résidant une partie de l'année à la campagne.

Les propriétaires, qui passent une partie de l'année dans une ville et l'autre partie dans une résidence à la campagne, devront être inscrits à la ville, à moins qu'ils ne résident à la campagne plus de la moitié de l'année.

En résumé, la population à inscrire sur la liste nominative, et qu'on désigne sous le nom de *population municipale*, doit comprendre, conformément aux indications ci-dessus :

1º Les habitants résidents présents dans la commune au moment du recensement ;

2º Les habitants qui, quoique absents au moment du recensement, ont leur résidence habituelle dans la commune.

Ce sont, comme on l'a dit plus haut, les individus inscrits dans la première et la seconde sections du bulletin de ménage.

Individus qui ne doivent pas figurer sur la liste nominative.

Par contre, le maire négligera pour l'établissement de la liste nominative :

1º Les personnes portées sur la troisième section de la feuille de ménage, sous le titre d'*hôtes de passage* et qui comprendront, outre les voyageurs présents dans les hôtels ou chez des amis, les populations dites flottantes, savoir :

> *a.* Les ouvriers compagnons faisant leur tour de France :
> *b.* Les artistes dramatiques appartenant à des troupes ambulantes ;
> *c.* Les individus exerçant des professions ambulantes ;
> *d.* Les individus mis en arrestation comme vagabonds et sans domicile fixe qui auront passé la nuit dans les dépôts ;
> *e.* Les marins des canaux et des rivières qui n'ont pas d'autre habitation que leur bateau ;

2º Les populations comptées à part, en exécution de l'article 2 du décret du 5 avril 1886, et dont il sera parlé plus loin (pages 10 et suivantes).

Comment doit être établie la liste nominative.

On a imprimé sur la feuille de tête du modèle nº 8 le sommaire des instructions d'après lesquelles les maires se guideront dans l'exécution matérielle de leur travail. Les feuilles intercalaires que la préfecture aura à y faire ajouter seront la reproduction des pages 2 et 3.

Les pages devront être divisées en un nombre fixe de trente cases, de telle sorte que, trente noms étant compris dans chaque page, il suffira de compter le nombre de pages pour reconnaître le nombre exact des individus formant la population résidente de chaque commune. En même temps, cet espacement régulier permettra de calculer à l'avance la quantité de cadres que chaque préfecture devra faire imprimer et mettre à la disposition de chaque commune.

Chacune des listes nominatives de la population des communes doit être dressée en double expédition : l'une sera transmise à la préfecture, l'autre restera déposée aux archives de la commune.

Nationalité.

La loi du 16 juin 1885, sur l'élection des députés, dispose dans son article 2 que les étrangers ne doivent pas être compris dans la population dont le chiffre sert à déterminer le nombre de députés à élire par chaque département.

Il est donc indispensable d'établir avec le plus grand soin quel est, dans chaque commune, le nombre des Français et celui des étrangers. A cet effet, la liste nominative contient une colonne, qui ne figurait pas sur le modèle ayant servi pour le dernier recensement, et dans laquelle le maire devra porter, en regard de chaque nom, la nationalité de l'habitant recensé,

Il n'y aura pas lieu de faire de distinction entre les Français de naissance et les Français naturalisés, ni entre les étrangers appartenant aux diverses nationalités. La seule mention à inscrire sera la suivante, suivant le cas : *Français* ou *Étranger*.

Les étrangers admis à fixer leur domicile en France devront figurer parmi les étrangers ordinaires, lors même qu'ils seraient en instance pour obtenir leur naturalisation.

Répartition de la population par quartiers, sections, villages et ménages.

La liste nominative est destinée non-seulement à donner le nom et le nombre des habitants de toute la commune, mais encore à faire connaître la répartition de la population par quartiers ou sections, villages, hameaux, maisons et ménages. Il importe que cette répartition soit établie avec soin : on sait que ce renseignement est souvent d'une grande utilité dans l'appréciation de diverses questions administratives.

Un cadre spécial imprimé sur la dernière feuille de la liste

nominative est destiné à indiquer cette répartition (tableau A).
Les maires sont instamment priés de remplir ce cadre avec
tous les détails nécessaires pour éviter que des difficultés se
produisent.

Distinction entre la population éparse et la population agglomérée.

Le même cadre indiquera la répartition de la population en
population *agglomérée* et population *éparse* ; cette distinction
a, elle aussi, une grande importance pour l'application de
certaines lois d'impôt et donne lieu, à chaque période de
recensement, à de nombreuses demandes en rectification.

Les rues, quartiers et sections qui forment l'agglomération,
seront portés dans la première partie du cadre récapitulatif, et
l'addition de ces totaux partiels donnera le chiffre de la population agglomérée.

Les villages, hameaux, quartiers, fermes ou maisons qui ne
font pas partie de l'agglomération, seront inscrits ensuite
dans la deuxième section du cadre.

Définition de la population agglomérée.

Suivant la définition donnée par M. le ministre des finances,
et rappelée dans une circulaire récente de la direction générale des contributions indirectes (11 février 1886), on doit
considérer comme agglomérée la population rassemblée dans
les maisons contiguës ou réunies entre elles par des parcs,
jardins, vergers, chantiers, ateliers ou autres enclos de ce
genre, lors même que ces habitations ou enclos seraient
séparés l'un de l'autre par une rue, un fossé, un ruisseau,
une rivière ou une promenade. On doit aussi, et quelle que
soit la distance qui, dans les villes de guerre surtout, sépare
les faubourgs de la cité proprement dite, considérer comme
faisant partie de l'agglomération la population de ces faubourgs, formellement assujettie au droit d'entrée par l'article 21 de la loi du 28 avril 1816. Mais la population éparse
dans les dépendances rurales, dans les hameaux ou villages
séparés, dans les métairies, les maisons de campagne isolées,
bien que dépendant de la commune, ne doit pas être com-
prise dans l'agglomération.

L'agglomération doit, en général, être appréciée d'après

(*)

l'état des lieux ; elle existe toutes les fois qu'il peut y avoir continuité de communication et qu'on peut aller d'une habitation à une autre, même en franchissant les clôtures qui séparent ou limitent les propriétés.

Ainsi, ces communications, sinon réelles, du moins possibles, à travers des enclos fermés de murs et de haies, sont suffisantes pour constituer l'agglomération ; mais elle est de fait, interrompue par des terrains non clos, vagues ou en culture.

Droit de contrôle des administrations financières.

En cas de doute, il sera bon que les municipalités se concertent avec les préposés des administrations financières : l'article 22 de la loi de finances du 28 avril 1816 confère, en effet, à l'administration des contributions indirectes le droit de provoquer un nouveau dénombrement, s'il y a lieu de penser que le travail des agents municipaux a été inexact, et l'article 4 de la loi de finances du 4 août 1844 donne le même droit au conseil général du département et à l'administration des contributions directes, s'il s'élève des difficultés relativement à la catégorie dans laquelle une commune devra être rangée, soit pour la fixation du contingent dans la contribution des portes et fenêtres, soit pour l'application du tarif des patentes.

Les préposés des contributions directes et indirectes devront donc être, dans une certaine mesure, associés aux travaux préparatoires du recensement. Il y a, en effet, tout avantage pour la commune à ce que ces agents puissent se rendre compte, au cours même des opérations, de la régularité des procédés employés. Les municipalités devront, en conséquence, déférer aux demandes de renseignements et de communication de pièces qui leur seraient adressées par les préposés des services financiers, mais à la condition, bien entendu, que la marche des opérations n'en soit pas entravée.

Population comptée à part.

La liste nominative établie dans les conditions indiquées plus haut donne la population normale ou *municipale* de la commune, celle qui sert de base pour l'application des lois municipales et d'impôt.

Si la commune ne comprend aucune des catégories spéciales d'habitants énoncées à l'article 2 du décret du 5 avril 1880 (établissements pénitentiaires, hospitaliers ou d'instruction, communautés, corps de troupes, etc.), la liste nominative peut être définitivement close.

Si, au contraire, il existe dans la commune une ou plusieurs des catégories de population spécifiées au décret, le maire devra faire à la suite de la liste nominative (cadre B) la récapitulation des états (modèle n° 4) qui lui auront été remis (avec les bulletins individuels concernant cette population spéciale) par les chefs de corps ou d'établissements.

Énumération des catégories de populations comptées à part.

Aux termes de l'article 2 du décret du 5 avril 1886, les catégories de population qui ne comptent pas pour l'application des lois municipales ou des lois d'impôts sont les suivantes :

Corps de troupes de terre ou de mer ;
Maisons centrales de force et de correction ;
Maisons d'éducation correctionnelle et colonies agricoles des jeunes détenus ;
Maisons d'arrêt, de justice et de correction ;
Dépôts de mendicité ;
Asiles d'aliénés ;
Hospices ;
Lycées et collèges communaux ;
Écoles spéciales ;
Séminaires ;
Maisons d'éducation et écoles avec pensionnat ;
Communautés religieuses ;
Réfugiés à la solde de l'État ;
Ouvriers étrangers à la commune attachés aux chantiers temporaires de travaux publics.

Toutefois, il faut éviter avec grand soin de confondre dans ce recensement spécial un certain nombre d'individus qui, bien que se rattachant aux catégories désignées ci-dessus, appartiennent néanmoins aux éléments ordinaires de la population municipale.

C'est ainsi qu'on devra comprendre sur la liste nominative des habitants :

Les officiers et assimilés qui ne sont pas logés avec leur troupe dans les quartiers et casernes, et les sous-officiers et gardes attachés aux états-majors, aux places, aux directions, aux écoles et aux hôpitaux militaires ;

(On fera, selon le cas, une distinction semblable à l'égard des officiers et employés de la marine) ;

Les gendarmes et les préposés des douanes ;

Le personnel fixe des établissements désignés dans l'article 2 du décret du 5 avril 1886, tels que directeurs, économes, surveillants, professeurs, ainsi que les employés, gardiens, concierges et gens de service ;

Les membres des congrégations religieuses détachés d'une manière permanente au service des écoles ou hospices dans la commune, ou les membres des communautés cloîtrées qui ne quittent pas la commune et font partie de la famille communale ;

Les malades des hôpitaux qui ont conservé leur domicile dans la commune ;

Les élèves externes des lycées, collèges, séminaires, écoles primaires normales, écoles primaires supérieures, maisons d'éducation et pensions ;

Les élèves internes de ces établissements dont les parents habitent la commune ;

Les élèves des facultés et des écoles spéciales se trouvant dans la même situation ;

Les individus, résidant dans la commune, déposés dans les maisons d'arrêt et de justice, en état d'arrestation préventive et jusqu'à ce qu'ils aient été mis en jugement.

Marins.

Les marins absents de leur domicile pour le service de l'État sont recensés comme corps de troupe et, s'ils sont casernés à terre, ils figureront dans la population comptée à part des communes où ces casernes sont situées.

Il en sera de même des marins embarqués sur des bâtiments présents le 30 mai en rade ou dans un port français. Ils seront rattachés à la population comptée à part de la ville où est situé le port.

Quant aux marins embarqués sur des bâtiments qui naviguent, les autorités municipales n'ont pas à s'en occuper ; ils feront l'objet d'un recensement spécial effectué par les soins de M. le ministre de la marine.

En ce qui concerne les marins du commerce, il faut distinguer ceux qui se livrent à la pêche ou au cabotage, et ceux qui naviguent au long cours.

Les premiers (grand et petit cabotage, pêche) seront inscrits sur la liste nominative des communes où ils ont leur résidence, qu'ils y soient ou non présents le 30 mai.

Les autres (voyage au long cours) seront compris dans la population comptée à part du port français où ils se trouveraient le 30 mai.

S'ils sont en cours de navigation, ils seront assimilés aux marins de l'État et recensés comme eux par les soins du ministre de la marine.

Les bulletins individuels et les états nominatifs relatifs aux populations comptées à part seront établis par les chefs de corps ou d'établissements.

Ainsi qu'il a été dit plus haut pages 3 et 4, des bulletins individuels seront établis pour tous les individus compris dans les catégories de population comptées à part, comme pour toutes les autres personnes présentes dans la commune le 30 mai, mais le soin de remplir ces bulletins appartiendra aux chefs de corps et d'établissements. Il en sera de même pour les feuilles récapitulatives (modèle n° 4), qui remplaceront, à leur égard, les feuilles de ménage.

Le maire n'aura donc qu'à remettre, quelques jours avant le 30 mai, un nombre suffisant de formules aux directeurs et chefs d'établissements.

Des instructions spéciales auront été données, à cet effet, par les ministres compétents aux diverses autorités dont le concours devra être réclamé

FORMATION DES ÉTATS STATISTIQUES

DÉPOUILLEMENT DES BULLETINS INDIVIDUELS

Les opérations du dénombrement proprement dit sont terminées, mais il reste à extraire des bulletins individuels les renseignements statistiques qui sont d'un haut intérêt pour l'étude des questions administratives ou sociales, et à remplir, au moyen des chiffres obtenus par ce dépouillement, le tableau n° 10.

Dans beaucoup de départements, on se sert, pour cette partie du travail, de feuilles dites de *dépouillement*. Il n'y a, dans ce cas, qu'à suivre les indications qu'elles contiennent. On peut aussi employer la méthode du *classement de bulletins*. Dans ce cas, on procèdera de la manière suivante :

Répartition par sexe.

Pour établir la répartition par sexe, il suffira de prendre tous les bulletins individuels (1), d'en faire deux paquets, l'un pour le sexe masculin, l'autre pour le sexe féminin, et de compter ensuite le nombre de bulletins de chaque paquet. Le total de ces deux paquets devra représenter le chiffre total de la population recensée qui a été porté dès l'origine sur l'état n° 6 (2).

Répartition suivant l'état civil.

On prendra ensuite les bulletins du sexe masculin et on les divisera en quatre paquets, l'un pour les célibataires, le second pour les hommes mariés, le troisième pour les veufs, et le dernier pour les divorcés. On comptera le nombre de bulletins compris dans chacun de ces paquets et on aura ainsi les chiffres à inscrire aux totaux des colonnes 2 à 5 du tableau D n° 4.

On agira de même pour les bulletins du sexe féminin (colonnes 7 à 10 du même tableau).

Répartition suivant l'âge.

Chacun de ces huit paquets sera ensuite subdivisé en autant de paquets qu'il y aura d'âges constatés.

Le même mode de dépouillement sera employé pour toutes les autres indications portées au bulletin, et, de cette manière

---

(1) Ainsi qu'on l'a vu plus haut, des bulletins individuels ont dû être établis pour toute personne présente dans la commune le 30 mai, sans distinction entre les résidents et non résidents ou entre la population comptée à part et les autres habitants.

Seules les personnes absentes de la commune au moment du recensement, et pour lesquelles il n'a pas été établi de bulletins (elles figurent seulement dans la 2ᵉ section de la feuille de ménage), n'entrent pas dans le dépouillement spécial qui reste à opérer.

(2) Si cependant une erreur s'était glissée dans le premier comptage, il faudrait prendre le chiffre que donne le nouveau dépouillement et considérer le premier comme un chiffre provisoire.

toute chance d'erreur sera évitée ; car, de quelque manière qu'on combine les bulletins, on devra toujours retrouver le total de la population.

Répartition suivant la profession.

Quant aux tableaux des professions, la première distinction essentielle à faire, c'est la séparation *absolue* des individus qui *exercent réellement* la profession indiquée et des personnes qui, à un titre quelconque, soit comme femme ou mari, père et mère, enfants, ascendants à tout degré, ou même n'appartenant pas à la famille, *vivent du travail des premiers.*

La seconde, c'est que les domestiques attachés à la personne doivent être classés (avec les personnes qu'ils font vivre) en regard des individus au service desquels ils sont attachés.

Les six colonnes (2 à 7) du tableau D n° 5 sont affectées aux personnes *exerçant directement* les professions désignées.

Les deux suivantes (8 et 9), intitulées *famille*, sont affectées aux personnes qui vivent du travail des précédentes ;

Les deux suivantes (10 et 11) sont affectées aux domestiques ;

Enfin les trois dernières colonnes (12, 13 et 14) sont destinées à totaliser les premières et à reproduire, selon le sexe, à la fin du tableau, la population entière de la commune.

Les individus exerçant directement les professions désignées ont été divisés en trois catégories principales :

1° Patrons ou chefs d'exploitation ;

2° Employés, ingénieurs, commis ou agents attachés à l'exploitation des établissements indiqués ;

3° Ouvriers, journaliers, hommes de peine, manœuvres, garçons de bureau, charretiers, portefaix, commissionnaires, etc.

Le tableau D n° 5 contient des notes explicatives qui permettront d'opérer exactement la répartition de ces trois catégories entre les diverses professions (1).

---

(1) La feuille de ménage, où tous les bulletins sont placés dans l'ordre hiérarchique de la famille, se prête, d'ailleurs, avec facilité, au départ qu'il est nécessaire de faire entre les personnes qui exercent directement une profession donnée et les autres membres du ménage qui vivent simplement de cette profession, sans l'exercer personnellement.

§ 2. Opérations du préfet.

Résumé numérique à transmettre le 10 juillet.

Lorsque le préfet aura reçu les états modèle n° 6 que les maires doivent lui envoyer dès le 15 juin, il préparera un état récapitulatif dans la forme du modèle n° 7.

Cet état devra être dressé par arrondissements et cantons, en suivant rigoureusement l'ordre alphabétique, tel qu'il est indiqué dans le volume publié par les soins du ministère de l'intérieur, en 1882, et qui est intitulé : *Dénombrement de la population*, 1881.

L'orthographe des noms des communes devra être également respectée. Ainsi que l'a fait connaître la circulaire du 12 décembre 1877, cette orthographe doit être considérée comme officielle et ne peut être modifiée que du consentement de l'autorité sepérieure, sur le vu des documents justificatifs.

La population des villes divisées en plusieurs cantons sera nécessairement fractionnée entre les divers cantons, mais il y aura lieu d'indiquer en note l'ensemble de la population de la ville.

Cet état récapitulatif devra m'être transmis le 10 juillet 1886.

Tableau de la population du département, modèle n° 9.

Dès que les listes nominatives des habitants de chaque commune (modèle n° 8) seront parvenues dans les bureaux de la préfecture, elles y seront contrôlées avec soin. Lorsqu'elles auront été reconnues exactes ou rectifiées, le préfet en fera consigner les résultats sur un tableau modèle n° 9, qui sera établi en minute et en double expédition.

En faisant préparer la minute et inscrire, à l'avance, dans la colonne 3, les noms de toutes les communes du département, et dans la colonne 11, les chiffres de population donnés par le dénombrement de 1881, on gagnera beaucoup de temps, puisqu'il suffira de reporter les totaux de chaque commune au fur et à mesure que chaque liste nominative arrivera à la préfecture et aura été contrôlée. Le travail serait, au contraire, fort retardé, si les préfectures ne le commençaient que lorsque tous les tableaux des communes leurs seront parvenus.

La première partie de ce tableau, intitulée : *Population par commune*, n'est pas autre chose que le relevé des récapitulations qui figurent à la dernière page, de la liste nominative des habitants dressée par les maires.

On suivra, comme pour l'état n° 7, un ordre alphabétique rigoureux, d'abord pour les arrondissements entre eux ; puis pour les cantons, dans chaque arrondissement ; et enfin, pour les communes, dans chaque canton. On fera des totaux partiels par canton, sans faire de totaux au bas de pages, ni les reporter de page en page. Les communes qui sont divisées en plusieurs cantons figureront au nombre des communes de ces cantons pour la portion de leur population afférente à chacun d'eux. On fera mention de cette circonstance dans la colonne des observations.

Un cadre spécial (page 9 du modèle) est réservé aux communes divisées en plusieurs cantons ; on y reportera, avec leurs noms, le chiffre de la population totale qui figure par fractions dans le tableau précédent.

La récapitulation par canton (pages 10 et 11 du modèle) consiste dans le report des totaux partiels qui ont été compris dans le tableau général. Dans cette partie, comme dans l'autre, on observera l'ordre alphabétique rigoureux entre les arrondissements, et ensuite entre les cantons dans chaque arrondissement.

Des totaux seront faits par arrondissement et reportés dans la quatrième partie du tableau (page 12 du modèle), intitulée : *Récapitulation par arrondissement*.

Dès que le tableau général sera complété, le préfet devra en adresser une expédition au ministre de l'intérieur, qui le contrôlera et fera connaître le résultat de cette vérification. Il sera bon d'attendre cette communication pour faire l'expédition destinée à rester dans les archives de la préfecture, afin de profiter, pour la correction de cette seconde expédition, du résultat de la vérication de la première.

Copies destinées à l'impression, modèle n° 12.

Lorsque le tableau vérifié aura été renvoyé à la préfecture, celle-ci fera établir sur les cadres nᵒˢ 12 (A, B,) les copies destinées à l'impression du volume du dénombrement.

Pour le cadre A (tableau de la population par département, arrondissements et cantons), on prendra les chiffres qui figurent dans la colonne nᵒ 8 de l'état nᵒ 9, c'est-à-dire la population municipale, plus les populations comptées à part.

Pour le cadre B, on inscrira dans la deuxième colonne (population totale) la même population (population municipale plus les populations comptées à part); dans la troisième colonne, la population comptée à part, conformément à l'article 2 du décret du 5 avril 1886 (colonne nᵒ 7 de l'état nᵒ 9) ; dans la quatrième colonne, la population municipale totale (colonne nᵒ 6 de l'état nᵒ 9), et, dans la cinquième, la population agglomérée (colonne nᵒ 4 de l'état nᵒ 9) (1).

En un mot, pour tous ces états de population, il faut prendre comme base la liste nominative des habitants de la commune complétée par les populations comptées à part ; les chiffres fournis par le dépouillement des bulletins individuels et rappelés, pour mémoire, en tête de la liste nominative des habitants (état nᵒ 8) ne doivent servir qu'aux travaux statistiques dont il va être parlé.

Les cadres A, B, destinés à l'impression, ne devront être remplis que sur recto.

Récapitulation des états statistiques, modèle nᵒ 11.

Enfin, la préfecture dressera, à l'aide des cadres nᵒ 10 fournis par les mairies, l'état récapitulatif (modèle nᵒ 11). Les totaux inscrits dans ce cadre ne concorderont pas avec les chiffres de l'état nᵒ 9, puisque, ainsi qu'il vient d'être dit, les renseignements statistiques compris aux tableaux nᵒˢ 10 et 11 s'appliquent à la population *présente* recensée le 30 mai, tandis que les récapitulations précédentes ont pour base la population *résidente* (y compris les populations comptées à part).

Les bulletins individuels doivent, après dépouillement,
être centralisés à la préfecture et soigneusement conservés.

Lorsque le maire aura terminé tous les dépouillements dont

(1) Lorsqu'une commune est composée de plusieurs agglomérations, c'est la population agglomérée du chef-lieu qu'il faut donner, alors même qu'elle ne constitue pas l'agglomération la plus importante.

il est chargé, il devra faire de tous les bulletins individuels une liasse ou un paquet dûment fermé et étiqueté, et l'adresser à la préfecture.

La préfecture mettra ces bulletins en dépôt dans un local qu'elle choisira, et ils y seront soigneusement conservés sous la responsabilité du préfet pour servir aux recherches statistiques qui pourraient être ultérieurement prescrites.

DÉLAI DANS LEQUEL LES OPÉRATIONS DOIVENT ÊTRE FAITES

Les instructions que les préfets auront à rédiger, les cadres qu'ils auront à faire imprimer pourront parvenir aux maires à la fin d'avril.

Travaux des mairies.

Les formules de bulletins individuels (modèle n° 1) de feuilles de ménage (modèle n° 2), de bordereaux de maison modèle n° 3), d'états récapitulatifs pour les catégories de population comptées à part (modèle n° 4) devront être distribuées le 28 mai au plus tard.

Ces diverses formules seront reprises et complétées par les agents recenseurs le 2 juin au plus tard.

L'état récapitulatif sommaire de la population de la commune recensée le 30 mai (modèle n° 6) sera envoyé à la préfecture le 15 juin au plus tard.

La liste nominative des habitants de la commune (modèle n° 8) devra être envoyée à la préfecture le 30 juin pour les petites communes, et le 10 juillet pour les villes où le travail est plus considérable.

Le tableau de répartition de la population de la commune par sexe, âge, nationalité, etc. (modèle n° 10) devra être terminé et transmis à la préfecture le 30 juin ou le 10 juillet suivant la distinction ci-dessus.

Travaux de la préfecture.

L'état récapitulatif sommaire de la population du département recensée le 30 mai (modèle n° 7) sera adressé au ministère le 10 juillet.

Le tableau de la population par département (modèle n° 9) pourra être terminé et adressé au ministère à partir du 1er août.

L'état récapitulatif de répartition de la population du département, par sexe, âge, nationalité, etc., (modèle n° 11), devra être terminé et adressé au ministère le 1er septembre.

Enfin les copies destinées à l'impression du volume du dénombrement (modèles n° 12 A, B) devront être établies par les préfectures dès que l'état de la population du département (modèle n° 9) aura été renvoyé, revisé, à la préfecture par le ministère de l'intérieur.

Les préfets veilleront à ce que ces dates soient respectées. Ils ne négligeront aucun moyen de faire ressortir aux yeux des populations l'importance d'une opération qui touche directement à leurs intérêts, qui, du reste, est entrée dans nos mœurs et que le gouvernement s'est attaché à simplifier autant que possible.

DÉCRET

—

Le Président de la République française,

Sur le rapport du ministre de l'intérieur,

Vu les articles 1 et 2 de la loi du 22 juillet 1791 ;

Vu, en ce qui concerne l'application de l'impôt direct, les lois des 21 avril 1832, 4 août 1844, 23 juillet 1872, 15 juillet 1880 et 30 juillet 1885 ;

Vu les lois des 2 juillet 1862 et 22 décembre 1879, en ce qui concerne la contribution sur les chevaux et voitures ;

Vu l'article 8 de la loi du 16 septembre 1871, relatif à la taxe sur les billards ;

Vu, en ce qui concerne l'application de l'impôt indirect, les lois des 28 avril 1816, 1er septembre 1871, 26 mars 1872, 31 décembre 1873, 9 juin 1875, 22 décembre 1878 et 19 juillet 1880 ;

Vu la loi du 5 avril 1884 sur l'organisation municipale ;

Vu la loi du 22 juin 1833 sur l'organisation des conseils d'arrondissement ;

Vu les lois des 28 juin 1833, 10 avril 1867 et 16 juin 1881, relatives à l'enseignement primaire ;

Vu la loi du 30 août 1883 sur la réforme-de l'organisation judiciaire ;

Vu les décrets des 23 août 1858, 22 septembre 1862 et 12 novembre 1868, en ce qui concerne la fixation des traitements des juges de paix ;

Vu le décret du 12 février 1870, portant fixation du tarif général des octrois ;

Vu l'avis du conseil d'État du 23 novembre 1842 ;

Vu le décret du 7 août 1882,

DÉCRÈTE :

Article premier. — Il sera procédé, le 30 du mois de mai, au dénombrement de la population par les soins des maires.

Art. 2. — Ne compteront pas dans le chiffre de la population servant de base à l'assiette de l'impôt ou à l'application des lois d'organisation municipale, les catégories suivantes :

Corps de troupes de terre et de mer ;

Maisons centrales de force et de correction ;

Maisons d'éducation correctionnelle et colonies agricoles de jeunes détenus ;

Maisons d'arrêt, de justice et de correction ;

Dépôts de mendicité ;

Asiles d'aliénés ;

Hospices ;

Lycées et collèges communaux ;

Écoles spéciales ;

Séminaires ;

Maisons d'éducation et écoles avec pensionnat ;

Communautés religieuses ;

Réfugiés à la solde de l'État ;

Ouvriers étrangers à la commune, attachés aux chantiers temporaires de travaux publics.

Art. 3. — Les ministres de l'intérieur et des finances sont chargés, chacun en ce qui le concerne, de l'exécution du présent décret, qui sera inséré au *Bulletin des lois*.

Fait à Paris, le 5 avril 1886.

Signé : Jules GRÉVY.

Par le président de la République :

Le ministre de l'intérieur,
SARRIEN.

Pour copie conforme :

*Le secrétaire général
de la préfecture des Pyrénées-Orientales,*
CLERC.

Typ. de *l'Indépendant*, rue d'Espira, 3. — 1541. — C. M.